Gernot Sailer

Führung virtueller Teams in Unternehmen

GRIN Verlag

Bibliografische Information der Deutschen Nationalbibliothek:

Die Deutsche Bibliothek verzeichnet diese Publikation in der Deutschen National-
bibliografie; detaillierte bibliografische Daten sind im Internet über http://dnb.d-
nb.de/ abrufbar.

Dieses Werk sowie alle darin enthaltenen einzelnen Beiträge und Abbildungen
sind urheberrechtlich geschützt. Jede Verwertung, die nicht ausdrücklich vom
Urheberrechtsschutz zugelassen ist, bedarf der vorherigen Zustimmung des Verla-
ges. Das gilt insbesondere für Vervielfältigungen, Bearbeitungen, Übersetzungen,
Mikroverfilmungen, Auswertungen durch Datenbanken und für die Einspeicherung
und Verarbeitung in elektronische Systeme. Alle Rechte, auch die des auszugsweisen
Nachdrucks, der fotomechanischen Wiedergabe (einschließlich Mikrokopie) sowie
der Auswertung durch Datenbanken oder ähnliche Einrichtungen, vorbehalten.

Impressum:

Copyright © 2008 GRIN Verlag GmbH
Druck und Bindung: Books on Demand GmbH, Norderstedt Germany
ISBN: 978-3-656-26758-4

GRIN - Your knowledge has value

Der GRIN Verlag publiziert seit 1998 wissenschaftliche Arbeiten von Studenten, Hochschullehrern und anderen Akademikern als eBook und gedrucktes Buch. Die Verlagswebsite www.grin.com ist die ideale Plattform zur Veröffentlichung von Hausarbeiten, Abschlussarbeiten, wissenschaftlichen Aufsätzen, Dissertationen und Fachbüchern.

Besuchen Sie uns im Internet:

http://www.grin.com/

http://www.facebook.com/grincom

http://www.twitter.com/grin_com

Führung virtueller Teams in Unternehmen

Seminararbeit aus PEW1
Teambuilding und Kommunikation

an der
Ferdinand Porsche Fern Fachhochschule

Gernot SAILER

Mai 2008

Inhaltsverzeichnis

1 Einleitung

Mit der wachsenden Bedeutung von Computer und Internet als Arbeits- und Kommunikationsmedium seit Mitte der 80er – Jahre lässt sich eine zunehmende Tendenz der Dezentralisierung, Mobilisierung und Technisierung unserer Arbeit beobachten. Dies führte zu einer Ausbreitung neuer inner- und zwischenbetrieblicher Organisationsformen wie Telearbeit, Arbeit in virtuellen Teams und Zusammenarbeit von Firmen in Netzwerken nach dem Motto „Anytime – Anyplace".[1]

Auf Grund der weiteren erwarteten Entwicklung, aber auch der Potenziale werden telekooperative Arbeitsformen und virtuelle Organisationsformen einen festen Bestandteil innovativer strategischer Unternehmensplanung bilden. Aus Sicht der betroffenen Führungskräfte im unteren und mittleren Management stellen sich jedoch zahlreiche Fragen bezüglich der Umsetzbarkeit solcher Konzepte:[2]

- Kann bzw. soll überhaupt jeder Arbeitsschritt geplant, organisiert und kontrolliert werden?
- Ist die Leistungsbewertung einzelner Mitglieder überhaupt noch möglich?
- Können Mitglieder in virtuellen Teams sich selbst überlassen bleiben?
- Ist jeder Mitarbeiter für telekooperative Arbeitsformen geeignet?
- Können face-to-face meetings entfallen oder wie oft sollen sie stattfinden?
- Welche Führungstechniken und Führungsstile erweisen sich als besonders effektiv bei welchen virtuellen Kooperationsformen?
- Wie lassen sich Mitglieder in virtuellen Teams für ihre Aufgaben optimal vorbereiten?

In diesen räumlich getrennten Organisationsformen stellt sich die Frage noch stärker, wie Führung zu verwirklichen ist und welche Arten der Führung überhaupt geeignet sind, als dies in herkömmlichen Teams der Fall ist.

Im folgenden Kapitel 2 werden wir den Begriff des Unternehmens herausarbeiten. Teams und auch virtuelle Teams können grundsätzlich auch im nicht – Unternehmerischen Bereich gebildet werden um Aufgaben zu lösen.

Daran Anschließend wird in Kapitel 3 der Begriff „virtuell" herausgearbeitet nicht zu letzt deshalb da heutzutage das Wort „virtuell" in unterschiedlichen Wissenschaftsdisziplinen verwendet wird und jeweils unterschiedliche Bedeutung erlangen kann. Ausgangspunkt ist dabei die Arbeit und ihre Organisation (Arbeitsorganisation) wobei aus der Möglichkeit der Kooperation bei der Arbeitsverrichtung in Form der virtuellen Kooperation die zentrale Bedeutung des Begriffs „virtuell" für die vorliegende Arbeit abgeleitet wird.

In Kapitel 4 wird skizziert welche Formen der virtuellen Kooperation innerhalb eines Unternehmens auftreten können.

Abschließend beschäftigt sich Kapitel 5 mit dem Begriff der Führung virtueller Teams. Ausgehend vom funktionalen Führungsbegriff die Funktionen der Führung insbesondere bei virtuellen Teams beschrieben. Die Vorgehensweise bei der Führung virtueller Teams schließt diese Arbeit ab.

---

[1] Vgl. Manchen Spörri Sylvia; Grote Gudela (2001) S. 1
[2] Vgl. Konradt Udo; Hertel Guido (2002) S. 8

3

2 Unternehmen und Arbeitsteilung

Ein Unternehmen ist ein spezieller Betriebstyp in marktwirtschaftlichen Systemen. Konstitutive Merkmale des Unternehmens sind nach Erich Gutenberg:[3]

- das erwerbswirtschaftliche Prinzip (Streben nach Gewinnmaximierung),
- das Prinzip des Privateigentums und
- das Autonomieprinzip (Selbstbestimmung des Wirtschaftsplans).

Öffentliche Betriebe und Verwaltungen sind innerhalb einer Marktwirtschaft das Pendant zu Unternehmen.

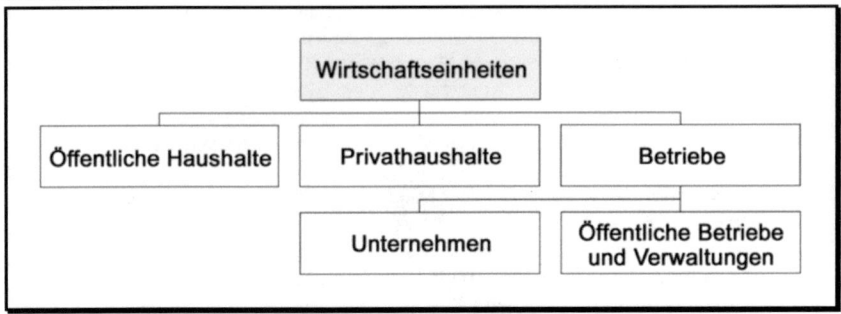

Abbildung 1[4]: Betriebswirtschaftlich relevante Wirtschaftseinheiten

In der Folge werden wir mögliche Kooperationsformen, insbesondere virtuelle Teams, bei der Erfüllung von Unternehmerischer Ziele betrachten. Wie bereits erwähnt zeichnet sich ein Unternehmen durch das Prinzip der Gewinnmaximierung aus.

Die Existenzbedingungen des Unternehmens sind Liquidität (Existenzbedingung „sine qua non"), Rentabilität und Wachstum. Liquidität muss jederzeit – auch kurzfristig – gesichert sein, um fälligen Zahlungsverpflichtungen nachkommen zu können. Rentabilität ist die Fähigkeit, Aufwendungen durch entsprechende Erträge mindestens abdecken zu können. Sie muss mittel- bis langfristig gesichert sein, da sonst die Liquiditätsbedingung nicht erfüllt werden kann. Wachstum wird an Größen wie Gewinn, Erlös oder Beschäftigtenzahl gemessen. Um Liquidität und Rentabilität zu sichern, muss ein Unternehmen langfristig mindestens mit dem Markt mitwachsen. Um die Existenzbedingungen erfüllen zu können werden sie in Form von Formalzielen vorab definiert. In der Erreichung dieser Ziele kommt der Erfolg des unternehmerischen Handelns zum Ausdruck.

Um die Formalziele zu erreichen werden wiederum Sachziele definiert. Ein Sachziel ist ein Ziel, das sich auf das konkrete Handeln eines Unternehmens bei der Leistungserstellung bezieht, d.h. auf die Art, Menge, Qualität, Ort und Zeit eines zu produzierenden Gutes oder einer zu erbringenden Dienstleistung.[5]
Unter der Leistungserstellung ist in betriebswirtschaftlicher Hinsicht ein Vorgang zu verstehen, der einen kaufmännisch handelbaren Wert schafft. Die Begriffe der Produktion im Gegensatz zur Dienstleistung lassen sich verallgemeinernd als Vorgänge der Leistungserstellung zusammenfassen, wobei dazu in der Regel menschliche Arbeit verrichtet

---

[3] http://de.wikipedia.org/wiki/Unternehmen; Abruf 23.05.2008
[4] In Anlehnung an Schierenbeck, Henner (2003) S. 23.
[5] http://de.wikipedia.org/wiki/Unternehmensziele; Abruf 23.05.2008

4

wird.[6] Arbeit ist zielgerichtete, planmäßige und bewusste menschliche Tätigkeit, die unter Einsatz physischer, psychischer und mentaler (geistiger) Fähigkeiten und Fertigkeiten erfolgt.[7] Die Organisation der zu verrichtenden Arbeit in Unternehmen als Grundlage für Kooperationsformen wird in Kapitel 3.1. behandelt.

3 Virtualisierung

Fragt man einen Informatiker, was mit dem Wort „virtuell" gemeint ist, so wird er in der Regel auf die nach Alan Turing benannte „Turing Maschine" als Beispiel einer „virtuellen Maschine" verweisen und Formulierrungen wie „uneigentlich existierend" und „der Wirkung nach vorhanden" heranziehen.

In der Informatik ist die eindeutige Definition des Begriffs „Virtualisierung" schwierig zu verfassen. Es gibt viele Konzepte und Technologien im Bereich der Hardware und Software, die diesen Begriff verwenden. Häufig werden damit Methoden bezeichnet, die es erlauben, Ressourcen eines Computers zusammenzufassen oder aufzuteilen.[8]

Andererseits wurde der Begriff „Virtualisierung" offenbar aus Marketinggründen reichlich verwendet – aus wenigen zusammengebauten Hardwareteilen und / oder Softwareteilen spricht man bereits von einem „virtuelles System".

In der Folge wird aber der Begriff „Virtualisierung" für diese Arbeit aus der zu verrichtenden Arbeit und der Arbeitsorganisation abgeleitet und

3.1 Arbeitsorganisation

Folgt man dem instrumentellen Organisationsbegriff, so hat jedes Unternehmen eine Organisation. Organisation ist dabei das zielorientiert geschaffene, auf Dauer angelegte Regelsystem (Organisationsstruktur), das ein Unternehmen hat und das als Führungsinstrument eingesetzt wird.[9]

Der Begriff der Arbeitsorganisation findet ihre Deckung im instrumentellen Organisationsbegriff. Arbeitsorganisation beschreibt die Art, den Umfang und die Bedingungen, in denen Menschen in mittelbarer oder unmittelbarer Zusammenarbeit mit anderen mit Arbeitsgegenständen, Informations- und Betriebsmitteln an Arbeitsobjekten zielgerichtete Verrichtungen vornehmen. Dazu gehört die Art

- der Arbeitsaufgaben,
- der Aufgabenteilung zwischen den Menschen und Betriebsmitteln,
- der Zusammenarbeit zwischen den Menschen,
- von Information und Kommunikation,
- der Arbeitszeit,
- des Entgeltsystems und
- der Führung[10]

Arbeitsaufgaben sind Arbeits- oder Handlungsoptionen, stellen zum Teil auf Zielsetzungen ab. Arbeit in Form von Tätigkeiten sind demgegenüber untergeordnete Handlungen, die zur Erfüllung der Aufgaben dienen. Die Tätigkeiten (Arbeit) lassen sich teilweise delegieren, die Aufgabe jedoch keinesfalls.[11]

---

[6] Vgl. http://de.wikipedia.org/wiki/Leistungserstellung ; Abfrage am 26.05.2008
[7] Vgl Schäfers Bernhard (Hrsg.) (1986). S. 24-28
[8] Vgl. http://de.wikipedia.org/wiki/Virtualisierung_%28Informatik%29; Abfrage am 26.05.08
[9] Vgl. Bea Franz Xaver; Gröbel Elisabeth (2002) S. 4 ff
[10] Vgl. Grap Rolf (1992) S. 38.
[11] Vgl. http://de.wikipedia.org/wiki/T%C3%A4tigkeit; Abruf 26.05.2008

3.2 Virtuelle Kooperation

Arbeit wird in den seltensten Fällen allein erbracht, sondern meist in Zusammenarbeit mit anderen Personen. Einzelne Personen verrichten unterschiedliche und arbeitsteilige Tätigkeiten die ihren Fähigkeiten und Fertigkeiten entsprechen und deren Ergebnisse wieder zu einem Ganzen zusammengefügt werden können. Die daraus entstehende Koordination kann es erforderlich machen, innerhalb und zwischen Gruppen Informationen betreffend Ziele, Vorgehensweisen und Ergebnisse zu kommunizieren – man spricht von „Kooperation". Die qualitative und quantitative Leistung einer Gruppe hängt oft von der Effektivität der Kooperation ab, die ihre Mitglieder untereinander pflegen, wobei vor allem die Abstimmung, Entscheidung und arbeitsteilige Ausführung einzelner Arbeitsschritte im Vordergrund stehen. Dies erfordert eine ständige Kommunikation und den Austausch von Informationen. Eine Zusammenarbeit, die dabei vorwiegend Informations- und Kommunikationstechnologien einsetzt, bezeichnen wir als „virtuell".[12]

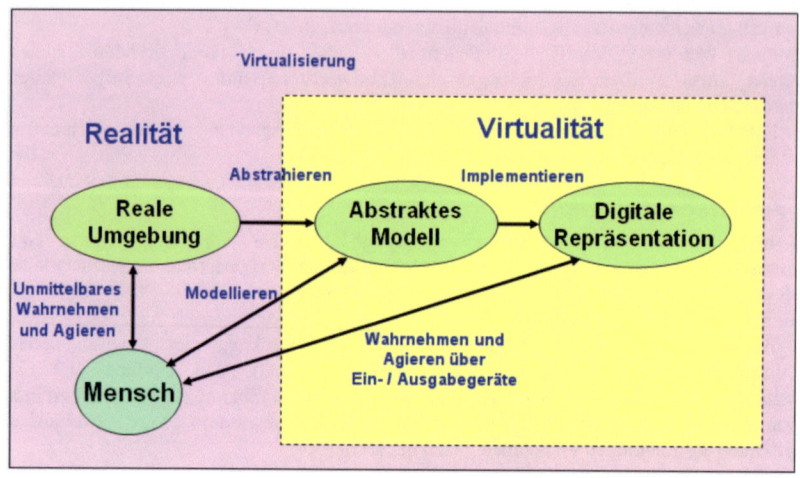

Abbildung 2: Der Prozess der Virtualisierung[13]

Ein Mensch nimmt in realen Situationen seine Umgebung in der er sich bewegt unmittelbar wahr. Darüber hinaus findet Interaktion statt, bei der er einerseits handelt, die Wirkung seiner Handlung aber auch selbst zeitnah wahrnimmt. Der erste Schritt zur „Virtualität" besteht darin bestimmte Merkmale („Repräsentationen") eines Gegenstandes, einer Person oder Gruppe auszuwählen, welche von besonderer Bedeutung sind. Dies kann beispielsweise zu übermittelnde Information sein. Die Repräsentationen enthalten wesentliche, aber nicht alle Merkmale der realen Umgebung, weshalb sie nur zum Teil der realen Umgebung entsprechen. In virtuellen Umgebungen nehmen Benutzer nun Umgebungen als digitale Repräsentationen wahr und interagieren mit ihnen. Es wird Beispielsweise eine Information in Form eines einer email - Nachricht versendet. Virtualisierung der Arbeit bedeutet also, eine digitale Repräsentation von Inhalten und Strukturen zu entwickeln, bei der zunächst ein abstraktes Modell der realen Umgebung erzeugt und in Form einer digitalen Repräsentation umgesetzt wird.[14]

---

[12] Vgl. Konradt Udo; Hertel Guido (2002) S. 12

[13] Encarnacao, J.L.; Dai, E.; del Pino, A.; Haase, H.; Jacob, U.; Unbescheiden, M.; Zachmann, G.: Grenzen der Virtualisierung. In: Picot, A. /Hrsg.) (1997) S. 251-280

[14] Vgl. Konradt Udo; Hertel Guido (2002) S. 14

4 Virtuelle Kooperationsformen

Virtuelle Kooperationsformen ergeben sich bei einzelnen Arbeitsplätzen (Telearbeit), betrieblichen Teams und Abteilungen sowie ganzen Unternehmungen und zwischen Unternehmungen. Im Rahmen dieser Seminararbeit wird aufbauend auf den Begriff der Telearbeit der Begriff des „Virtuellen Teams" erläutert.

4.1 Telearbeit

Hansen / Neumann definieren Telearbeit als jene Arbeit, die Mitarbeiter außerhalb der Firmenräume, in der Wohnung oder in einem Telezentrum, unter Nutzung von Telekommunikationsnetzen und entsprechenden technischen Geräten zur Erledigung ihres Arbeitsvertrages verrichten. Die Telearbeit kann im eigenen Haushalt (Heimarbeit) oder einem nahe gelegenen Telearbeitszentrum anstatt in den entfernten Räumen des Arbeitgebers stattfinden.[15]

Im wesentlichem wird Telearbeit daher durch 2 Merkmale gekennzeichnet, welche auch für virtuelle Teams zutreffen:

- Arbeit wird an dezentralisierten und delokalisierten Arbeitsorten verrichtet
- Ausstattung der Arbeitsstätte außerhalb des Betriebes mit Informations- Und Kommunikationstechnik

4.2 Virtuelle Teams

Moderne Informations- und Kommunikationsmedien versetzen Unternehmen in die Lage, Mitarbeitergruppen unabhängig von Zeit und Raum zu unterstützen und damit die traditionellen Hierarchien durch Netzwerke zu ersetzen. Nun ist allerdings nicht jede Arbeitsgruppe von Mitarbeitern, die an einer gemeinsamen Sache arbeitet auch schon ein Team geschweige denn ein virtuelles Team. Aufmerksam wurde man auf die Arbeitsgruppe bzw. das Team als Arbeitsorganisation bereits in den 20iger Jahren des vergangenen Jahrhunderts im Rahmen von arbeitswissenschaftlichen Untersuchungen (Hawthorne Studien).

4.2.1 Arbeitsgruppe und Team

Unter einer Gruppe werden Menschen dadurch, dass sie etwas tun, das in ihrem gemeinsamen Interesse liegt. Gruppen lösen bestimmte Aufgaben, treffen Entscheidungen, ihre Mitglieder interagieren, sie haben eine gemeinsame Motivation und ein gemeinsames Ziel.

Gruppenarbeit liegt vor, wenn mehrere Arbeitspersonen an einer Arbeitsaufgabe - beispielsweise Gebäude reinigen, Spinnmaschinen bestücken usw. - tätig sind. Es ist dabei unerheblich, ob diese Arbeitspersonen miteinander arbeiten. Eine Person kann in Büro A den Boden aufwischen, während eine andere Person in Büro B die gleiche Tätigkeit ausführt. Dies stellt schon Gruppenarbeit dar. Wenn landläufig statt Gruppenarbeit der Begriff Teamarbeit verwendet wird, dann nur, weil nicht sauber zwischen dem Begriff Gruppe und Team unterschieden wird. Teamarbeit liegt vor, wenn ein Team zur Lösung einer Arbeitsaufgabe zusammenarbeitet.[16]

In der betriebswirtschaftlichen Literatur gibt es mehr als 20 verschiedne Definitionen von „Team". Einig sind sich die meisten Autoren über folgende Hauptkriterien, deren gemeinsames Vorliegen von einem Team sprechen lässt:[17]

- Ein Team hat sechs bis elf Mitglieder
- Die Mitglieder tragen zur Erreichung der Teamziele mit ihren jeweiligen Fähigkeiten und den daraus entstehenden gegenseitigen Abhängigkeiten bei

---

[15] Vgl. Hansen Hans Robert; Neumann Gustaf (2007) S. 393
[16] Vgl. http://de.wikipedia.org/wiki/Gruppenarbeit; Abruf am 27.05.08
[17] Vgl. Mabey Christiopher; Caird Sally (1999) S. 7

- Das Team hat Kommunikationspfade sowohl innerhalb des Teams als auch zur Außenwelt entwickelt
- Die Struktur des Teams ist aufgaben- und zielorientiert beschrieben
- Ein Team überprüft periodisch seine Effektivität.

Das wichtigste Unterscheidungsmerkmal von Team und Gruppe ist allerdings folgendes:[18]

- Ein Team existiert aus einem einzigen Grund: Es soll gemeinsam eine oder mehrere Aufgaben lösen.

4.2.2 Virtuelle Teams

Aufgrund des sich rasch verändernden Unternehmensumfeldes und immer komplexer werdenden Aufgabenstellungen entwickeln sich gegenwärtig neue Ausprägungen der Teamarbeit wie das virtuelle Team. Diese Form stellt kein Gegenstück zum klassischen Face-to-Face-Team dar, sondern kann als Ergänzung bzw. Weiterentwicklung gesehen werden. Erweitert man die Telearbeit um den Zusammenhang auf zwischenbetrieblicher Kommunikation und Kooperation, so wird deutlich, dass Telearbeit als Grundelement einer virtuellen Teamarbeit zu sehen ist. Virtuelle Teams können anhand von folgenden Merkmalen charakterisiert werden:[19]

- Virtuelle Teams tragen die Merkmale traditioneller Teams
- Virtuelle Teams arbeiten an dezentralisierten und delokalisierten Arbeitsorten (Telearbeit)
- Überwiegender Einsatz von elektronischen Kommunikationsmedien (Telearbeit).

Gegenüber der Telearbeit liegt bei virtuellen Teams der Schwerpunkt auf der Kooperation, also der arbeitsteiligen Organisation von Arbeitsgängen.

Nach Lipnack/Stamps ist der einzige wesentliche Unterschied zwischen konventionellem und virtuellem Team der grenzüberschreitende Charakter von Raum, Zeit und Organisation. Die Abgrenzung dieser beiden Formen der Zusammenarbeit ist aber grundsätzlich schwierig, da auch die Mitglieder von Face-to-Face-Teams schon seit langem nicht mehr an einem Ort gebunden arbeiten und Medien wie Telefon und Fax verwenden.[20]

Das virtuelle Team zeichnet sich dadurch aus, dass es Merkmale des konventionellen Teams besitzt, die Leistungserstellung aber nicht Face-to-Face sondern über die multimedialisierte Technik abläuft.[21] Der Arbeitsprozess ist dabei durch eine mitunter komplexe Abfolge von Phasen gekennzeichnet, in denen unterschiedliche Kooperationsformen praktiziert und Arbeitspakete sowohl hochgradig interaktiv wie auch autonom und individuell erledigt werden. Arbeitsaufgaben werden nicht nur über Raum und Zeit zugeordnet, sie werden auch inhaltlich verteilt.[22]

5 Führung

Führung ist ein Begriff mit einer äußerst komplexen Entstehungsgeschichte, der zumeist in zwei beziehungsweise drei Varianten gebraucht wird.[23] In der weiteren Folge wollen wir Führung im funktionalen Sinn betrachten. Führung als Funktion versteht sich als Summe aller Handlungen, die der Steuerung des Leistungsprozesses in einer Unternehmung dienen.[24]

Führung im funktionalen Sinn ist zum Beispiel: Planung, Organisation, Führung, Kontrolle. Führung ist daher Willensbildung (Zielfindung, Planung und Entscheidung) und Willensdurchsetzung (Organisation und Kontrolle).

---

[18] Vgl. Heimburg York von ; Radisch Gerd F. (2001) S. 24f
[19] Vgl. Konradt Udo; Hertel Guido (2002) S. 17f
[20] Vgl. Lipnack, Jessica; Stamps Jeffrey (2000) S. 18
[21] Vgl. Scholz Christian (2002) S. 26-33
[22] Vgl. Herczeg Michael; Paul Hansjürgen (1997) S. 295-320
[23] Vgl. Eckardstein Dudo von; Kasper Helmut., Mayrhofer Wolfgang (1999) S. 240 ff.
[24] Vgl. Staehle Wolfgang (1991) S. 65

5.1 Funktionen der Führung

Nach dem Beschreiben einer Vielzahl von Sackgassen bei der Suche nach den Persönlichkeitsmerkmalen des idealen Führers wurden zwei Grundfunktionen herausgestellt, die weitgehend generalisierbar sind:[25]

- Die Lokomotivenfunktion (Lokomotion): Bewegt die Gruppe in Richtung auf das vorgegebene Ziel, auf die Lösung der jeweiligen Gruppenaufgabe. Die Indikatoren von Lokomotion sind: Informationsversorgung; Produktivität, Qualität der Aufgabenerfüllung
- Die Kohäsionsfunktion: Stellt den Zusammenhalt der Gruppe, die Einhaltung der Spielregeln des Zusammenarbeitens und die Aktionsfähigkeit sicher. Die Indikatoren sind: Qualität des Kooperationsklimas, Grad der sozialen Integration, Grad der Identifikation und Anbindung.

Der Vorteil dieser zweipoligen Betrachtung besteht darin dass die Führerrolle je nach Situation wechseln kann. Es kann also in einem Team mehrere Führer geben, es kann sogar jedes Gruppenmitglied Führerfunktionen ausüben was für die Abbildung des realen Führungsprozesses in Teams und virtuellen Teams unabdingbar ist und somit beschreibbar macht.

Wie die folgende Tabelle Zeigt fanden Reichwald und Bastian[26] in ihren Pilotstudien heraus, dass unter Bedingungen virtueller Arbeit die drei Indikatoren für Lokomotion gleich blieben oder sogar Verbesserungen erzielt wurden. Hinsichtlich der Kohäsion fanden sich jedoch negative Auswirkungen. Die Qualität des Kooperationsklimas nahm beispielsweise in der Telekomstudie aufgrund erschwerter spontaner face-to-face Kontakte und der Verringerung der Anzahl der Kommunikationsvorgange ab. Mitarbeiter fühlten sich zum Teil sozial isoliert, da sie var allem Zuhause arbeiteten und nur an den „Bürotagen" Kontakte zu Kollegen pflegen. Zwischen 20 und 30 % der Befragten berichten eine negative Auswirkung auf das Wir-Gefühl und eine Abnahme der Weitergabe informeller Informationen.

LOKOMOTION: Förderung der Aufgabenerfüllung und Zielerreichung	KOHÄSION: Förderung der sozialen Integration und des Zusammenhalts der Mitarbeiterinnen
Indikatoren: - Infoversorgung: 62% gleich, 18% besser, 19% schlechter - Produktivität: um 10 – 25 % höher - Qualität: höher, da weniger Störungen	**Indikatoren:** - Kooperationsklima: Über 20% der Personen beurteilen es als schlechter - Soziale Kontakte durch Anwesenheit - „Wir – Gefühl": 20 – 30 % sehen eine negative Beeinträchtigung

Tabelle 1: Funktionen der Führung: Lokomotion und Kohäsion. Einführung von Telearbeit bei der Deutschen Telekom AG.

Da ein Großteil der Kommunikation computervermittelt abläuft, können Führungsaufgaben, die die Kohäsion (z.B. Kooperationsklima) betreffen, schlechter wahrgenommen werden, während sich positive Auswirkungen auf die Lokomotion (z.B. Informationsversorgung) finden. Gleichzeitig nimmt die Bedeutung der Kohäsion aufgrund der organisationalen Verteiltheit der Mitarbeiterinnen zu.

---

[25] Vgl. Heimburg York von; Radisch Gerd F (2001) S. 21-31
[26] Vgl. Reichwald, R.; Bastian, C. (1999) S. 141 – 162

5.2 Führung virtueller Teams

Management und Führung werden im Zusammenhang mit virtueller Kooperation häufig sehr kontrovers betrachtet. Einerseits wird angenommen, das Führung und Steuerung virtueller Teams nicht möglich sind und Überlegungen dazu ohnehin überflüssig sind.[27] Andererseits wird die Notwendigkeit in Frage gestellt, dass virtuelle Teams überhaupt einer Führung bedürfen.

Konradt und Hertel halten ein angepasstes Managementsystem für virtuelle Kooperation für notwendig und haben ein Managementkonzept speziell für virtuelle Teams entwickelt. Das Konzept orientiert sich an den Lebensphasen virtueller Kooperation.[28]

Phasen	Aufgaben
1. Aufbau und Konfiguration	- Auswahl der Teamleiter - Auswahl von Mitarbeitern - Strukturelle Bedingungen - Zuschnitt der Aufgaben
2. Start und Initiierung	- Kick-off-Veranstaltungen - Regelwerke
3. Erhaltung und Regulation	- Motivation - Förderung von Vertrauen - Konfliktmanagement
4. Optimierung und Korrektur	- Prozessentwicklung - Evaluationsmaßnahmen - Trainings
5. Beendigung der Telearbeit	- Würdigung der Erfolge - Neuorientierung der Reintegration der Mitarbeiter

Tabelle 2: Phasen und Aufgaben des Managements virtueller Teams[29]

Zu jeder Lebensphase lassen sich Aufgaben angeben, die im Folgenden kurz angerissen werden:[30]

In der ersten Phase „Aufbau und Konfiguration virtueller Teams" werden Entscheidungen über die strukturellen, personellen und prozessualen Voraussetzungen des virtuellen Teams getroffen. Es geht um die Auswahl der personellen Ressourcen (Mitarbeiter, Führer) und materiellen Ressourcen, wie beispielsweise die Tools, die eingesetzt werden sowie die Aufgabenteilung.

In der zweiten Phase „Start und Initiierung des virtuellen Teams" nimmt das Team ihre eigentliche Arbeit auf, die Aufgaben sind bereits festgelegt. Im Kick-off Meeting lernen sich die Mitarbeiter face-to-face kennen und es werden dort wichtige Regularien besprochen und Regeln vereinbart.

Die dritte Phase „Aufrechterhaltung und Regulation der Teamarbeit" gilt der Aufrechterhaltung „Aufrechterhaltung und Regulation der Teamarbeit". Schwerpunkte liegen in der Aufrechterhaltung und Förderung der Motivation, der Förderung von Vertrauen, dem Konfliktmanagement und der Einhaltung von Kommunikationsregeln. Insbesondere die Förderung der Kommunikation im Zuge der Fortschrittsbesprechungen, Umgangsnormen etc. durch elektronische Medien oder aber face-to-face stellen deshalb wesentliche Führungselemente in dieser Phase dar.

In der vierten Phase „Optimierung und Korrektur der Zusammenarbeit" liegen die Schwerpunkte auf Prozessentwicklungsaufgaben sowie der Weiterbildung von Mitarbeitern.

---

[27] Vgl. Scherm Ewald; Süss Stefan (2000) S. 79-103
[28] Vgl Konradt Udo; Hertel Guido (2002) S. 47f
[29] Vgl Konradt Udo; Hertel Guido (2002) S. 47
[30] Vgl. Konradt Udo; Hertel Guido (2002) S. 48

Neben fachlichen Aspekten zählen hierzu auch die Förderung der sozialen Integration einzelner Mitarbeiter in die Gruppe sowie auf die Gruppe bezogenen Aktivitäten, die dem Aufbau der Gruppenidentität förderlich sind.

Die letzte Phase „Beendigung der Telearbeit" betrifft das Ende der virtuellen Zusammenarbeit. Einerseits werden die erreichten Erfolge gewürdigt, andererseits wird bereits auf die Reintegration bzw. Neuorientierung der Mitarbeiter bezüglich neuer (virtueller?) Projekte eingegangen. Eine konstruktive und für alle zufrieden stellende Beendigung der Zusammenarbeit ist dabei der Schlüssel für den Beginn neuer Projekte, bei denen bereits auf die geschaffenen persönlichen Kontakte im Sinnen eines Netzwerkes zurückgegriffen werden kann.

Literaturverzeichnis

Bea Franz Xaver; Gröbel Elisabeth (2002): Organisation: Theorie und Gestaltung ; 2. Auflage; Lucius und Lucius Verlag; Stuttgart

Eckardstein Dudo von; Kasper Helmut, Mayrhofer Wolfgang (1999): Management: Theorien – Führung – Veränderung; Schäffer-Poeschel Verlag; Stuttgart

Encarnacao, J.L.; Dai, E.; del Pino, A.; Haase, H.; Jacob, U.; Unbescheiden, M.; Zachmann, G.: Grenzen der Virtualsierung. In: Picot, A. /Hrsg.); (1997): Telekooperation und virtuelle Unternehmen; R.v. Deckers Verlag, Heidelberg

Grap Rolf (1992): Neue Formen der Arbeitsorganisation für die Stahlindustrie; Augustinus; Aachen

Hansen Hans Robert; Neumann Gustaf (2007): Arbeitsbuch Wirtschaftsinformatik 7. Auflage; Lucius & Lucius Verlagsgesellschaft mbH; Stuttgart

Heimburg York von; Radisch Gerd F. (2001): Virtuelle Teams erfolgreich führen; Verlag moderne Industrie; Landsberg/Lech

Herczeg Michael; Paul Hansjürgen (1997): Softwareentwicklung als verteiltes kooperatives Arbeiten. In: Lehner Franz. / Dustdar Schahram (Hg.), Telekooperation in Unternehmen; Deutscher Universitäts-Verlag; Wiesbaden

Konradt Udo; Hertel Guido (2002): Management virtueller Teams; Beltz Verlag, Weinheim und Basel

Lipnack Jessica; Stamps Jeffrey (2000): Virtual Teams, People Working Across Boundaries with Technology, 2nd Edition; Wiley & Sons;

Mabey Christopher; Caird Sally (1999): Building Team Effectiveness Open University, Milton Keynes

Manchen Spörri Sylvia; Grote Gudela (2001): Systemische Führung in virtuellen Teams; http://www.tm.ifap.ethz.ch/downloads/Systfueh.pdf Abfrage am 25.05.2008

Schäfers Bernhard (Hrsg.) (1986): Grundbegriffe der Soziologie; Leske + Budrich; Opladen

Schierenbeck Henner (2003): Grundzüge der Betriebswirtschaftslehre; Oldenbourg Wissenschafts-Verlag, München

Scholz Christian (2002): Virtuelle Teams – Neuer Wein in neuen Schläuchen. In: Zeitschrift für Führung und Organisation, 71. Jg., 2002, Heft 1

Staehle Wolfgang (1991): Management; Vahlen; München

Reichwald Ralf & Bastian Christina (1999): Führung von Mitarbeitern in verteilten Organisationen. Ergebnisse explorativer Forschung. In Egger Anton, Grün Oskar, Moser Rainhard (Hrsg.). Managementinstrumente und Konzepte: Entstehung, Verbreitung und Bedeutung für die BWL; Schäffer – Poeschel Verlag; Stuttgart

Scherm Ewald; Süss Stefan (2000): Personalführung in virtuellen Unternehmen: Eine Analyse diskutierter Instrumente und Substitute der Führung. In: Zeitschrift für Personalführung 14/2000